Amos Oz
Jesus und Judas

Amos Oz
Jesus und Judas
Ein Zwischenruf

Ins Deutsche übersetzt von
Susanne Naumann

Mit einem Nachwort von
Rabbiner Walter Homolka

Patmos Verlag

Inhalt

Jesus und Judas
Amos Oz

Nach einem Vortrag,
gehalten am 25. Mai 2017 in Berlin

Vor etwa neunzig Jahren hat mein Großonkel Joseph Klausner (1874–1958) zwei recht umstrittene Bücher zur Entstehung des Christentums verfasst. Das erste trug den Titel *Jesus von Nazareth*, das zweite *Von Jesus zu Paulus*[1]. Joseph Klausner war der ältere Bruder meines Großvaters Alexander. Klausner war russischer Jude, einer der Begründer des modernen Zionismus, ein Gelehrter, der in Heidelberg seine Dissertation geschrieben hat – bevor alles begann.

Beide Bücher waren äußerst umstritten und wurden aufs Heftigste angegriffen, von konservativen Juden ebenso wie von konservativen Christen. Die Juden warfen Joseph Klausner vor, dass er sich überhaupt wieder mit Jesus befasste –

nach all dem Bösen, das den Juden im Namen Jesu zugefügt worden war. Aber auch viele Christen waren aufgebracht. So aufgebracht, dass sie darauf bestanden, den anglikanischen Priester Herbert Danby (1889–1953) – den englischen Missionar, der Joseph Klausners Bücher ins Englische übersetzt hatte – zu entlassen; denn Klausner zeichnet den Erlöser als nonkonformistischen, rebellischen jüdischen Rabbi. Onkel Joseph aber lächelte unter seinem Schnurrbart und sagte sich: »Wenn Juden und Christen gleichermaßen unzufrieden sind, habe ich wahrscheinlich alles richtig gemacht.«

Nach Klausners Ansicht lebte Jesus von Nazareth als Jude und starb als Jude. Es kam ihm nicht im Traum in den Sinn, eine neue Religion begründen zu wollen.

Nein, er war Jude – ein aufrührerischer Jude, ein nonkonformistischer Jude, ein leidenschaftlicher Kritiker des jüdischen religiösen Establishments seiner Zeit. Nach Klausner könnte man Jesus als ›Reformjuden‹ einordnen oder auch als ›fundamentalistischen Juden‹ – wenn der Begriff ›fundamentalistisch‹ heute nicht so negativ besetzt wäre. Doch in den Augen meines Großonkels wollte Jesus damals schlicht und einfach das Judentum von einigen hässlichen, abstoßenden Auswüchsen befreien, die nicht wirklich zu seinem Wesen gehörten und deshalb entfernt werden sollten.

Als kleiner Junge besuchte ich eine äußerst traditionelle orthodoxe jüdische Schule in Jerusalem. Wir wurden angewiesen, jedes Mal, wenn wir an einer Kirche oder einem Kreuz vorübergingen, unsere Augen abzuwenden und in die entgegengesetzte Richtung zu schauen. Als Begründung hieß es: »Wir Juden haben seit Jahrhunderten, ja seit Jahrtausenden, wegen dieses Menschen gelitten.« Orthodoxe Juden nennen Jesus häufig nicht bei seinem Namen, sondern bezeichnen ihn abfällig als »diesen Menschen«.

Onkel Joseph aber sagte, das dürfe ich niemals tun: »Wann immer du eine Kirche oder ein Kreuz siehst, sieh ganz genau hin, denn Jesus war einer von uns, einer unserer großen Lehrer, einer unserer bedeutendsten Moralisten, einer unserer größten Visionäre.«

Ich war schockiert.

Genau genommen geriet ich geradezu in eine kleine kognitive Krise. Das, was sie mich in der Schule lehrten, stand in radikalem Widerspruch zu dem, was Onkel Joseph mir in unseren Gesprächen sagte. Wie konnte das sein? Ich fragte Onkel Joseph: »Jesus soll kein Christ sein? Aber hat er denn nicht das Christentum begründet?« Und ich werde nie sein nachsichtiges Lächeln vergessen, wenn er mir mit einfachen Worten seine Auffassung erklärte: »Jesus wurde schließlich nicht von einem Priester in einer Kirche getauft, oder? Niemals, sein ganzes Leben nicht«, so Onkel Joseph, »ist er zur Beichte gegangen. Er hat sich nie bekreuzigt, nicht ein einziges Mal; es gab nie einen Grund dafür. Was für ein Christ soll er also gewesen sein? Außer-

dem hat er nie Weihnachten gefeiert –
kann er da Christ gewesen sein?«

Viele, viele Jahre später schrieb meine Tochter Fania Oz-Salzberger – sie ist Professorin für Geschichte – gemeinsam mit mir ein kleines Buch mit dem Titel *Juden und Worte*.[2] Dieses Buch stellt in gewisser Weise den Versuch dar, in die Fußstapfen von Professor Klausner zu treten: Es befasst sich wieder mit Jesus, um ihn in gewisser Weise zurückzuholen – nicht um ihn zum Judentum zu bekehren, das nicht –, aber es stellt doch den Versuch dar, ihn mit hineinzunehmen in den fortwährenden jüdischen Diskurs – oder besser in den nie endenden jüdischen Dissens.

Mit sechzehn Jahren lebte ich im Kibbuz Hulda – und war förmlich süchtig nach Büchern. Wie Sie vielleicht wissen, wird in den jüdischen Schulen in Israel und auch in anderen Ländern niemals, unter keinen Umständen, das Neue Testament in den Unterrichtsstoff einbezogen. Ich finde das sehr bedauerlich. Ich selbst stellte im Alter von sechzehn Jahren fest, dass ich, wenn ich das Neue Testament – oder doch wenigstens die Evangelien – nicht las, unter anderem nie imstande sein würde, die Kunst der Renaissance zu verstehen. Wahrscheinlich würde mir auch die Musik von Johann Sebastian Bach verschlossen bleiben, ebenso wie die Romane von Dostojewski. Aus diesem Grund ging ich abends oft in die Bibliothek und las die Evangelien. Die anderen Jungen spielten Basketball oder stellten den Mädchen

nach. Ich war in beidem ein hoffnungslo-
ser Fall – doch ich fand Trost bei Jesus.

Ich las also die Evangelien – und
verliebte mich in Jesus, in seine Vision,
seine Zärtlichkeit, seinen herrlichen
Sinn für Humor, seine Direktheit, in die
Tatsache, dass seine Lehren so voller
Überraschungen stecken und so voller
Poesie sind. Ich war in keinem Punkt mit
ihm einig, doch das ist nun einmal unser
Wesen: Sie werden niemals zwei Juden
finden, die sich in irgendeiner Sache
einig sind. Ja, Sie werden kaum jemand
finden, der auch nur mit sich selbst im
Reinen ist, denn wir sind nun einmal ein
wenig schillernde, zwischen Kopf und
Herz hin- und hergerissene Persönlich-
keiten. So war ich also uneins mit Jesus,
was seine Vision von der universalen Lie-

be betrifft, nach der alle Menschen sich untereinander lieben. Ich fand diese Vorstellung zu gut, um möglich zu sein. Und ich war uneins mit seiner Forderung, die andere Wange hinzuhalten.[3] Kurz, es gab jede Menge Dissens zwischen uns, doch im Großen und Ganzen verliebte ich mich in Jesus.

Als ich jedoch zu der Geschichte von dem Verrat an Jesus gelangte, zu der Geschichte über Judas und den berühmtesten Kuss in der Geschichte der Menschheit, berühmter noch als die Liebesgeschichte von Romeo und Julia, zu der Geschichte um jene berühmten dreißig Silberlinge – als ich diese Geschichte las, stieg ein heftiger Zorn, ja Wut in mir auf – nicht in mir als Jude, nicht aus chauvinistischen oder religiösen Gründen, nein! Ich war verärgert, weil der kleine Detektiv in mir gegen diese Geschichte aufbegehrte. Aus rein kriminalistischen Gründen ergab die Story einfach keinen Sinn.

Damals gab es noch kein Google, also konnte ich nicht googeln. Doch ich las in Büchern nach, dass die berühmten dreißig Silberlinge etwa dem Wert von sechshundert Euro entsprechen – etwas mehr oder weniger; ich habe den heutigen Wechselkurs nicht studiert, doch sie wären heute etwa sechshundert Euro wert. Und ich fragte mich: Nach den christlichen Quellen war Judas nicht etwa ein armer Fischer vom See Genesareth wie die anderen Apostel, sondern ein reicher Großgrundbesitzer aus Judäa, ein Mann, der Sklaven und Sklavinnen besaß. Warum um alles in der Welt sollte er seinen Lehrer, seinen Rabbi, seinen Gott verkaufen? Für sechshundert Euro? Und wenn er tatsächlich dermaßen gemein und habgierig war, dass er seinen Herrn und Gott für sechshundert Euro verkaufte – warum ging er unmittelbar danach hin und erhängte sich? Das ergab einfach keinen Sinn. Vor allem aber verstand ich nicht, warum irgendjemand, irgendein Mensch auf Erden, Judas auch nur fünfzig Cent oder einen Euro dafür geben sollte, dass er Jesus nach dem Letzten Abendmahl küsste und ihn damit an die Schergen verriet, die die Priester ausgeschickt hatten, um ihn zu verhaften.

Schließlich war Jesus in ganz Jerusalem wohlbekannt. Er predigte auf den

Straßen. Erst wenige Tage zuvor hatte er für einen veritablen Skandal gesorgt, indem er die Tische der Geldwechsler umwarf, dieser üblen Geschäftemacher, die den Tempel entheiligten – was für ein Auftritt! Er muss einen Moment lang tatsächlich vergessen haben, dass er Jesus Christus war. Er muss seine eigene Lehre vergessen haben – und genau das mag ich an ihm. Ich mag seinen Zorn. Ich mag die Tatsache, dass der Mann, der die Tische der Geldwechsler umstieß, ganz und gar nicht sanftmütig und milde war. Es ist im Gegenteil etwas höchst Handgreifliches, Körperliches an einem Mann, der von einem Tisch zum anderen geht, sie der Reihe nach umkippt und dabei höchstwahrscheinlich einigem Widerstand von Seiten der Geldwechsler begegnete.

Fest steht: Die Leute in Jerusalem kannten Jesus. Um ihn festzunehmen, brauchten sie nicht Judas zu bezahlen. Jesus versuchte ja gar nicht wegzulaufen. Er hat sich nicht den Bart abrasiert. Er trug keinen Sombrero, um sich unkenntlich zu machen. Und als sie ihn holen kamen, machte er keine Ausflüchte und sagte nicht: *Ich bin nicht Jesus, ich bin Donald Trump.* Warum für einen Kuss bezahlen, mit dem ein Mann verraten werden sollte, der gleichsam zur besten Sendezeit im Fernsehen auftrat – oder dem Äquivalent zum Fernsehen in der damaligen Zeit?

In meinen Augen ergab das einfach keinen Sinn. Außerdem merkte ich sehr schnell, dass diesem Bericht nicht zu trauen war. Es war einfach eine jämmerlich schlecht geschriebene Story à la Hollywood mit einem typischen Schurken aus einem drittklassigen Hollywoodschinken: hässlich, unsympathisch, gierig, verräterisch, betrügerisch – all diese negativen Attribute wurden dem armen Judas angehängt.

Dann dachte ich: Kein verantwortungsvoller Herausgeber hätte diese Geschichte in den Evangelien stehen lassen. Es ist eine üble Geschichte. Sie ist schlecht geschrieben; sie ist abstoßend und für die Evangelien keineswegs zwingend nötig. Was wäre schlimm daran gewesen, wenn Jesus nach seiner Taufe von Galiläa über Samaria nach Jerusalem gegangen wäre, den Weg zu Kreuzigung und Auferstehung – ohne einen Judas, ohne Silberlinge, ohne

Küsse. Ich meine – hätte das der Geschichte geschadet, wäre sie damit weniger überzeugend gewesen? Nein.

Die Judas-Geschichte ist eine hässli-
che Geschichte, alles andere als harmlos.
In meinen Augen hat keine andere je-
mals von Menschen erzählte Geschichte
ein solches Ausmaß an Hass, Verfolgung
und Mord entfesselt wie diese Geschichte über den Verrat, über die dreißig
Silberlinge, über den Kuss. Treue und
Verrat sind zentrale Themen in meinem
Roman *Judas*, auch wenn sie vielleicht
nicht unbedingt das Herzstück der Geschichte bilden.[4]

In der Geschichte des westlichen
Denkens ist Judas der ultimative Verräter, der hässlichste, gemeinste, un-
ehrlichste, widerwärtigste, gierigste

Mensch, den man sich vorstellen kann.
In jedem europäischen Wörterbuch bedeutet das Wort ›Judas‹ schlicht und einfach ›Verräter‹. Wenn man unter ›Judas‹ nachschlägt, findet man in jeder europäischen, in jeder christlichen Sprache den Begriff ›Verräter‹. Das ist nicht gut: Wie soll ein deutsch sprechendes kleines Mädchen oder ein deutsch sprechender kleiner Junge, die die Geschichte zum ersten Mal hören, zwischen ›Judas‹ und ›Jude‹ unterscheiden? Oder im Spanischen zwischen Judas und *Judíos*? Die starke Ähnlichkeit zwischen den beiden Wörtern lädt geradezu zu hasserfüllten Verallgemeinerungen ein. Wer einen anderen ›Judas‹ nennt, spuckt ihm damit ins Gesicht. Ein Fußballspieler, der seine Mannschaft verlässt und in ein gegne-

risches Team wechselt, wird von den Fußballfans als ›Judas‹ bezeichnet: *Er ist ein Judas; er hat uns im Stich gelassen; er ist zum Gegner übergelaufen.*

›Judas‹ bedeutet also Verräter – und an dieser Stelle scheint mir ein offenes persönliches Wort angebracht: Der Vorname meines Vaters war Jehuda, Judas. Der mittlere Name meines Sohnes ist – nach meinem Vater – Judas. Ich bin also der Sohn von Judas und der Vater von Judas. Dieser Name – will heißen die Konnotationen dieses Namens – sind also zutiefst bedeutsam und zutiefst schmerzlich für mich.

In meinen Augen ist die Geschichte von Judas in den Evangelien gleichsam das Tschernobyl des christlichen Antisemitismus der vergangenen zweitausend

Jahre. Diese Geschichte verseucht das Verhältnis zwischen Juden und Christen seit Jahrtausenden, indem sie die Juden zu Opfern und die Christen zu Tätern macht. In neuerer Zeit führt sogar der islamische Antisemitismus die Judas-Geschichte als Argument gegen die Juden ins Feld. Alle Juden sind Judas: Verräter, Gottesmörder, habgierige Betrüger.

In meinem Roman *Judas* erzählt einer der Protagonisten, ein alter polnischer Jude namens Gerschom Wald, seinen Gesprächspartnern, wie er als junger Mann in Polen einmal zusammen mit zwei katholischen Nonnen in einem Zugabteil saß. Die Ältere wirkte matronenhaft und höchst ehrbar. Die Jüngere war hübsch, ja schön, geradezu engelhaft – ein Ebenbild der Madonna. Er saß diesen beiden Frauen also gegenüber und las eine hebräische Zeitung. Die ältere Nonne sagte: »Entschuldigen Sie, mein Herr, lesen Sie da eine jüdische Zeitung?« Und er antwortete: »Ja, ich bin Jude und ich werde bald nach Jerusalem gehen, um dort unter Juden zu leben.« Schweigen. Dann plötzlich sagte die Jüngere, mit lieblicher Stimme, den Tränen nahe: »Er war so gütig, wie konntet ihr ihm das antun?« Und Gerschom Wald antwortete: »Wissen Sie, junge Dame, ich war nicht dabei, als es geschah. Ich hatte an dem bewussten Morgen in Jerusalem einen Zahnarzttermin.«

Und nun – Zeit für eine weitere Enthüllung: Genau das ist *mir* passiert. Nicht in Polen, in einem anderen katholischen Land in Europa, im Zug. Zwei Nonnen, eine ältere und eine jüngere. Ich hielt zwar keine hebräische Zeitung, aber ein hebräisches Buch in der Hand. »Mein Herr, lesen Sie vielleicht zufällig ein jüdisches Buch? Wie konnten Sie ihm das antun?«, fragte die Jüngere. Ich ärgere mich heute noch, dass mir die Antwort mit dem Zahnarzttermin damals nicht eingefallen ist.

Es ist eine harte Geschichte: Man denke sich eben jenen Gerschom Wald aus dem Blickwinkel eines unschuldigen kleinen christlichen Mädchens oder Jungen, eines Kindes, das die Geschichte über die Gottesmörder zum ersten Mal hört. Nicht jeder ist dazu in der Lage, morgens aufzuwachen, aufzustehen, sich die Zähne zu putzen, eine Tasse Kaffee zu trinken und dann Gott umzubringen: Um so etwas zu tun, muss man sehr, sehr böse, geradezu teuflisch sein, aber zugleich auch sehr, sehr mächtig. Und genau diese Kombination von Eigenschaften – niederträchtig, sündig, böse, teuflisch und dabei insgeheim sehr mächtig – war das gängigste antisemitische Klischee überhaupt in den vergangenen zweitausend Jahren.

Ich denke zum Beispiel an die zahllosen Darstellungen von Judas auf den Gemälden vom Letzten Abendmahl in der christlichen Kunst der Renaissance, vor der Renaissance, nach der Renaissance. Die Apostel sind elf gut aussehende Männer, auf den meisten Bildern sind sie blond, hochgewachsen, eindeutig arisch. Mittendrin Jesus: geradezu schmerzhaft attraktiv, heilig, göttlich. Doch in einer

Ecke sitzt eine verkrüppelte kleine se-
mitische Kreatur mit großen Ohren und
schiefer Nase, Schielaugen, dicken Lip-
pen, verfaulten Zähnen und einem hässlichen, boshaften Lächeln im Gesicht. So
sehen wir Juden seit Generationen in der
christlichen Fantasie aus. Nichts davon
haben erst die Nazis oder der *Stürmer*
erfunden. Sie brauchten sich, was ihre
antisemitischen Karikaturen betrifft, nur
bei der christlichen Kunst der Jahrhunderte vor ihnen zu bedienen. Das ist ein
Tatbestand, der sich nicht wegwischen
lässt.

Eigentlich sollte statt meiner lieber
die Hauptfigur meines Romans *Judas*,
Schmuel Asch, Student der Theologie
und der Vergleichenden Religionswis-
senschaften, zu Ihnen sprechen – denn

er ist Wissenschaftler, was ich nicht bin. Ich bin nur ein Geschichtenerzähler – er hingegen entwickelt eine komplette Parallelgeschichte. Heute würde man sie vielleicht als ›alternative Wahrheit‹ bezeichnen. Er stellt die These auf, dass Judas Jesus gar nicht verraten hat.

Diese These war schon früher zu hören. In der Literatur und anderswo haben wir zum Beispiel gelesen, dass Judas in Wirklichkeit nach einem göttlichen Plan gehandelt und in demütigem Gehorsam getan habe, was ihm von oben geboten worden sei, denn das war nun einmal seine Rolle im Drama der Passionsgeschichte. Doch Schmuel Asch hat eine andere Theorie. Schmuel Asch stellt die These auf, dass Judas von ganzem Herzen an Jesus geglaubt und

ihn niemals verraten hat. Paradoxer-
weise glaubt Judas in der Version der
Geschichte, die Schmuel Asch vertritt,
stärker an Jesus, als Jesus selbst an sich
glaubt.

Jesus hat Zweifel: »Soll ich nach Jerusalem gehen? Soll ich lieber nicht nach
Jerusalem gehen? Vielleicht werden sie
mich in Jerusalem umbringen.« Er wollte
nicht sterben – bis zum letzten Moment
wollte er nicht sterben: Er fürchtete den
Tod wie jeder von uns, wie wir alle, wie
alles Fleisch und Blut ihn fürchtet. Er
wollte nicht ans Kreuz.

Nach Schmuel Asch hat Judas Jesus
von Anfang an gesagt: »In der Provinz,
in irgendwelchen galiläischen Dörfern,
Wunder zu vollbringen, bringt nichts.
In Galiläa finden ständig Dutzende von

Wundern statt – damals wie heute. Sie erfreuen sich einiger lokaler Berühmtheit und Bewunderung. Wenn du aber die Welt retten willst, wenn du die Welt wirklich erlösen willst, musst du nach Jerusalem gehen.« Und Judas kannte die Welt. Er kam sozusagen aus der Werbebranche. Er wusste, wie man eine Botschaft wirkungsvoll präsentiert. »Du musst nach Jerusalem gehen. Du musst in Jerusalem gekreuzigt werden – und zwar nicht an einem ganz normalen Tag, sondern sozusagen zur Hauptsendezeit: am Freitag, dem Vorabend des Pessachfestes, wenn Hunderttausende Pilger die Straßen von Jerusalem füllen, Juden und Edomiter, Griechen und römische Soldaten und Pilger von allen Enden der Erde. Vor den Augen all dieser Menschen musst du dich kreuzigen lassen. Sie alle werden sehen, wie du heil und unversehrt vom Kreuz steigst. Dann werden sie auf die Knie fallen und du wirst sagen, liebt einander, und damit beginnt das Himmelreich. Genau das musst du tun; du kannst es. Zögere nicht, glaub an dich. Hast du denn nicht Tote auferweckt? Bist du nicht übers Wasser gewandelt? Hast du nicht Wasser in Wein verwandelt? Du wirst es ihnen zeigen. Hast du nicht Sterbende gesund gemacht? Du wirst vom Kreuz steigen und die Welt wird gerettet werden. Das wird das ultimative Wunder sein; danach wird die Welt keine Wunder mehr brauchen: Die Menschen werden einander lieben und das Himmelreich wird beginnen.«

Nach dieser Version der Geschichte glaubte Judas in gewisser Weise also stärker an Jesus, als dieser selbst an sich glaubte. Er half Jesus, ja er drängte ihn förmlich, seine Zweifel zu überwinden, seine Unsicherheit und – ja – auch seine Todesangst, die schlichte Angst des Sterblichen vor dem Tod.

Und dann kamen sie nach Jerusalem, die, die Jesus nachfolgten, seine Schüler. Dort angekommen, war es wohl Judas' ganzes Bestreben, den Lehrer aus Galiläa publikumswirksam kreuzigen zu lassen. Doch die Stadt quoll förmlich über von solchen Predigern – wie es auch heute noch ist. Menschen, die im Besitz irgendwelcher göttlicher Botschaften sind, Menschen, die Stimmen hören, Menschen, die zu Gott sprechen, Menschen, die ganz genau wissen, wie die Welt erlöst werden kann, Menschen, die das Wort haben. Niemandem wäre es eingefallen, solche Leute zu kreuzigen. Deshalb musste Judas sich seiner Beziehungen zur Priesterschaft und zu den Römern bedienen, er musste seinen ganzen Einfluss geltend machen und ihnen die Augen öffnen: *»Nein, das ist nicht einfach nur einer von diesen Verrückten, das ist nicht einfach noch so ein jüdischer Spinner, der wie die anderen von Gott besessen ist. Nein, der hier ist etwas ganz Besonderes. Der hier ist gefährlich für die römische Regierung, weil er ein Aufständischer ist. Der ist gefährlich für die Prediger, für die ganze Priesterschaft, weil er ein Anarchist ist.«*

Und so gelang es ihm, nicht ohne Mühe, die Kreuzigung Jesu zur Primetime zu organisieren.

Die Kreuzigung findet statt. Judas steht bei den Frauen, die Jesus lieben, inmitten der gaffenden Menge. Sie stehen da und sehen zu, wie Jesus am Kreuz stirbt, wie er am Kreuz leidet, wie er vor Schmerzen schreit und nach seiner Mutter ruft. Und Judas sagt: »So, nun ist der Augenblick gekommen. Zeig es ihnen. Steig herab vom Kreuz. Zeig es ihnen, jetzt. Die Menge fängt schon an, sich zu zerstreuen. Bald beginnt der Sabbat, das Pessachfest – die Menschen müssen sich ums Essen kümmern, sie müssen putzen und Vorbereitungen treffen. Jetzt gilt es. Jetzt! Die Presse wird auch gleich abziehen. Zeig es ihnen!« Und Jesus versucht es. Unter größten Qualen zerrt er an den Nägeln.

Und in diesem Augenblick ruft er die verzweifeltsten Worte aus, die je gesprochen wurden: *Eli, Eli, lama sabachthani? Mein Gott, mein Gott, warum hast du mich verlassen?*[5] Diese Worte konnten – so Schmuel Asch – nur aus dem Mund eines Menschen Jesus kommen, der zumindest halbherzig geglaubt hatte, dass er es schaffen würde, dass er vom Kreuz herabsteigen und die Welt retten könnte, dass sein Vater im Himmel es für ihn richten würde. Und als er erkennt, dass das nicht geschieht, dass er stirbt, dass er nicht vom Kreuz herabsteigen kann, spricht er diese entsetzlichen, diese, wenn man so will, gotteslästerlichen Worte: *Warum hast du mich verlassen?*

Er sagt nicht ›Vater‹ oder ›mein Vater‹, er sagt ›mein Gott‹. So oft hat Jesus Gott als Vater angesprochen – doch nicht jetzt. Jetzt ruft er: *Gott, o mein Gott, warum hast du mich verlassen?*

Er stirbt am Kreuz, und Judas erkennt, dass man ihn eines unausdenkbar schrecklichen Vergehens anklagt: Er hat seinen Herrn getötet. Er hat seinen Lehrer getötet. Er hat seinen Rabbi getötet. Er hat seinen besseren Bruder getötet. Er hat das Licht seines Lebens getötet. Er hat seinen Gott getötet. Er hat den Menschen getötet, den er auf Erden am meisten geliebt hat. Er hat einen Menschen getötet, den er mehr geliebt hat als seine Mutter und seinen Vater, und er hat ihn getötet, indem er zu viel von ihm verlangt hat, indem er die sofortige Erlösung verlangt hat, indem er das Kommen des Himmelreichs am nächsten Tag, in der nächsten Stunde, im nächsten Augenblick verlangt hat. Und da geht er hin und erhängt sich.

Dies ist die Theorie von Schmuel Asch – die alternative Geschichte. Ist es vielleicht wirklich so gewesen in Jerusalem, an jenem furchtbaren Freitag? Ich weiß es nicht; ich hatte damals einen Zahnarzttermin. Ich war nicht dort. Aber ich kann sagen, dass diese Geschichte zumindest meiner unmaßgeblichen Meinung nach überzeugender klingt als die unmögliche, widerliche, erbärmlich schlecht geschriebene Geschichte von jenem Kuss und den Silberlingen und dem Verrat und dem Gottesmord.

Die Wahrheit? Ich kenne sie nicht.
Ich war nicht da. Diese Geschichte von
Schmuel Asch sollte in jedem Menschen
etwas zum Klingen bringen. Judas hat
den Fehler eines Fanatikers gemacht.
Er wollte die Erlösung, sofort, um jeden
Preis. Er konnte nicht warten. Ein Kompromiss kam für ihn nicht in Frage. Er
wollte alles, aber plötzlich: nichts weniger
als die universale, endgültige, vollständige, schlechthinnige Erlösung. Und damit
hat er zu viel verlangt. Ein Fanatiker, ja,
zugegeben. Er mag ein Fanatiker gewesen sein, so wie der andere Protagonist
in meinem Roman *Judas*, Abrabanel, der
ebenfalls ein Verräter genannt wird, doch
in Wirklichkeit war er ein großer Gläubiger: Er glaubte an die universale Liebe,
die Einheit aller künftigen Menschen.

Und dann erhängt Judas sich selbst.
Mein Protagonist, Schmuel Asch, sagt:
So starb er – er sagt das von Judas – so
starb er, der erste Christ, der letzte
Christ, der einzige Christ. Schockierende
Worte. Nicht unbedingt meine Worte.
Ich würde es nicht so sagen, nicht genau
so, aber ich verstehe, was ihn dazu trieb,
diese so anders klingenden Worte über
Jesus und Judas zu sagen.

Mein Roman *Judas* handelt nicht von Jesus und Judas; die beiden bilden sozusagen den Hintergrund der Geschichte. Sie sind als Geister gegenwärtig. Aber worin besteht das Herzstück der Erzählung – wieder ist es eine religiöse Perspektive. Im Grunde geht es um drei Personen: zwei Männer und eine Frau. Die drei sitzen einen ganzen Winter lang in einem Zimmer, trinken literweise Tee und reden und reden und reden. Das ist nicht etwa die Einleitung zu einem Witz – das ist der Roman. Drei Menschen trinken Tee und reden, reden und trinken Tee. Die drei stellen zu Beginn des Romans, am Winteranfang, gewissermaßen die Vertreter dreier Lichtjahre voneinander entfernter Planeten dar. Sie repräsentieren unterschiedliche Generationen, unterschiedliche, ja gegensätzliche Weltsichten, unterschiedliche Temperamente und unterschiedliche Lebenserfahrungen. Doch irgendwie schaffen sie es, sich gegen Ende des Romans beinahe zu lieben. Dies ist das kleine Wunder meines Romans *Judas*: nicht mehr und nicht weniger. Es gibt dabei keine Wunder-Formel für sofortige Erlösung; aber, ja, es geht um die Macht der Liebe. Und das ist tatsächlich in gewisser Weise die Lehre Jesu, die Lehre des Judentums: die Macht der Liebe, die Fähigkeit der Liebe, die Differenzen, die Unterschiede, die Gegensätze, die Animositäten, den Antagonismus zu überwinden.

Die so unterschiedlichen Menschen, die manchmal von unterschiedlichen Planeten zu stammen scheinen und völlig unterschiedliche Sichtweisen von Gerechtigkeit und Ungerechtigkeit vertreten, sie sind für mich der Mittelpunkt, das Herzstück meines Romans *Judas*. Wo genau im Roman das Wunder geschieht, weiß ich nicht – und glauben Sie mir, ich habe diesen Roman mehr als einmal gelesen. Wo genau die Feindseligkeit, die Animosität, der Spott, die Entfremdung Platz machen für Neugier, Empathie, Humor und – ja – Liebe. Wo genau im Roman das geschieht, weiß ich nicht. Ich habe ihn gelesen und wieder gelesen, doch ich konnte den Wendepunkt nicht entdecken. Wer ihn findet, soll es mir unbedingt mitteilen. Denn

ich weiß es einfach nicht – und wenn ich
morgen sterben müsste: Ich weiß nicht,
was sich da zwischen Schmuel und Ata-
lia abspielt. Sie ist doppelt so alt wie er,
eine zornige, tief verletzte Frau, die das
gesamte männliche Geschlecht ablehnt,
die wütend auf die Männer ist, weil sie
die Welt in ein Schlachthaus verwandelt
haben. Er hingegen brennt förmlich vor
Begierde nach dieser Frau, vom ersten
Moment an, da er sie sieht – was sich
da, wie gesagt, abspielt, im Laufe des
Romans, weiß ich nicht. Sein sexuelles
Begehren lässt nicht nach, wird nicht
weniger, doch es wird verwandelt, em-
porgetragen, überführt in eine zärtliche,
anteilnehmende, von Gefühlen und
Leichtigkeit getragene Liebe. Wo genau
im Buch das geschieht, weiß ich nicht,

obwohl ich es wieder und wieder gelesen und nach dem Wendepunkt gesucht habe – ich weiß es einfach nicht.

Vielleicht sind dies die kleineren Wunder, die bescheidenen, die unaufdringlichen, die mein Roman *Judas* aus Jerusalem mitbringt.

Anmerkungen

[1] Joseph Klausner: Jesus von Nazareth. Seine Zeit, sein Leben und seine Lehre. Übersetzt aus dem Hebräischen von Walter Fischel, Jüdischer Verlag, Berlin 1930; ders.: Von Jesus zu Paulus. Übertragen aus dem Hebräischen unter Mitwirkung des Verfassers von Friedrich Thieberger. The Jewish Publishing House, Jerusalem 1950.

[2] Amos Oz / Fania Oz-Salzberger: Jews and Words. Yale University Press, New Haven 2012; dt. Ausgabe: Juden und Worte. Aus dem Englischen von Eva Maria Thimme. Jüdischer Verlag im Suhrkamp Verlag, Frankfurt am Main 2013.

[3] Matthäus 5,38–40; 43–48; Lukas 6,27–36.

[4] Amos Oz: Judas. Roman. Übersetzt von Miriam Pressler, Suhrkamp Verlag, Berlin 2015.

[5] Markus 15,34; Matthäus 27,46; vgl. Psalm 22,2.

Aus den
Evangelien

In seinem »Zwischenruf« bezieht sich Amos Oz auf mehrere neutestamentliche Stellen: die Bergpredigt Jesu, die Vertreibung der Geldwechsler und Händler aus dem Tempel, die Erzählung vom Verrat des Judas, die Schilderung des Todes Jesu in der Passion. Amos Oz hat seine Leseerfahrungen mit dem Neuen Testament gemacht anhand dessen Übersetzung in das Hebräische durch Franz Delitzsch (1813–1890), einen lutherischen Alttestamentler und Verfechter einer christlichen Judenmission.

Die hier als Lesehilfe dargebotene Übertragung der erwähnten Stellen durch den katholischen Theologen und Alttestamentler Fridolin Stier (1902–1981) gilt als besonders wortgetreue Übersetzung aus dem Griechischen. Stier war von 1946 bis 1954 Ordinarius für Altes Testament in Tübingen. Seine Übersetzung des Neuen Testaments ist von großer Kenntnis der hebräischen Bibel geprägt und kann für manche Leser/innen wie eine »Erstleseerfahrung« wirken. Dennoch spiegelt sie natürlich nicht die neueren wissenschaftlichen Einsichten und Anfragen des jüdisch-christlichen Dialogs wider, inwieweit eine Übersetzung christliche Lesarten bedient, die sich weniger dem übersetzten Text als seiner kirchlichen Auslegung verdanken.

Das berührt allerdings nicht den Zugang von Amos Oz zum neutestamentlichen Text, der ihn nicht exegetisch, sondern literarisch interessiert liest. Die beigegebenen Stellen sollen diese Leseerfahrung von Amos Oz illustrieren, mehr als eine solche Lesehilfe wollen sie nicht sein.

Aus der Bergpredigt

(Matthäus 5,1–48)

Als Jesus aber die Scharen sah, stieg er den Berg
hinan. Und er setzte sich, und seine Jünger traten
an ihn heran. Und er öffnete seinen Mund, lehrte
sie und sagte:

Selig die aus dem Geiste Armen,
denn ihrer ist das Königtum der Himmel.
Selig die Trauernden,
denn die werden ermutigt werden.
Selig die Sanften,
denn die werden das Land erben.
Selig die nach der Gerechtheit
Hungernden und Dürstenden,
denn die werden satt gemacht.
Selig die sich Erbarmenden,
denn die werden Erbarmen finden.
Selig die im Herzen Reinen,
denn die werden Gott sehen.
Selig die Friedenstifter,
denn die werden Söhne Gottes heißen.
Selig die um der Gerechtheit willen Gejagten,
denn ihrer ist das Königreich der Himmel.

Selig seid ihr, wenn sie euch fluchen und jagen und betrügerisch allart Böse euch nachsagen um meinetwilen.

Freut euch und jubelt, denn groß ist euer Lohn in den Himmeln.

So jagte man ja die Propheten, die vor euch gewesen.

Ihr seid das Salz der Erde. Wenn aber das Salz seinen Witz verliert, womit soll gesalzen werden? Zu nichts taugt es mehr als hinausgeworfen und von den Menschen zerstampft zu werden.

Ihr seid das Licht der Welt. Eine Stadt, die hoch auf dem Berge liegt, kann sich nicht verstecken. Man zündet auch keine Leuchte an und stellt sie unter den Krug, sondern auf den Leuchter. Dann strahlt sie allen im Haus. So erstrahle euer Licht vor den Menschen, auf dass sie sehen eure guten Taten und verherrlichen euren Vater – den in den Himmeln.

Denkt nicht, ich sei gekommen, um das Gesetz oder die Propheten aufzuheben. Ich bin nicht gekommen, um aufzuheben, sondern um zu erfüllen. Denn wahr ists, ich sage euch: Bis der Himmel und die Erde dahingehen – nicht ein Jota oder ein Häkchen vom Gesetz wird dahingehen, bis alles geschieht. Wer also eine dieser Weisungen, der geringsten eine, auflöst und so die Menschen lehrt – der Geringste wird er heißen im Königtum der Himmel. Wer sie aber tut und lehrt – ein Großer wird er heißen im Königtum der Himmel. Denn ich sage euch: wenn eure Gerechtheit die der Schriftgelehrten und Pharisäer nicht weit übersteigt – nimmermehr kommt ihr ins Königtum der Himmel hinein.

Ihr habt gehört, dass gesagt ward den Alten: Morde nicht! Wer mordet – verfallen ist er dem Gericht. Ich aber sage euch: Wer seinem Bruder zürnt – verfallen ist er dem Gericht. Wer seinen Bruder aber einen ›Hohlkopf‹ heißt – verfallen ist er dem Synedrium. Und wer ihn einen ›Aberwitzling‹ heißt – verfallen ist er der Feuerhölle.

Wenn du also dein Gabe zum Opferaltar bringst und dort dich erinnerst, dass dein Bruder etwas gegen dich hat, lass dort deine Gabe vor dem Opferaltar und geh – erst versöhne dich mit deinem Bruder. Und dann komm und bring deine Gabe dar.

Begütige deinen Rechtsgegner – schleunig, solange du mit ihm auf dem Weg bist, nicht dass dein Rechtsgegner dich dem Richter ausliefere und der Richter dem Gerichtsdiener, und du in den Keller geworfen wirst. Wahr ists, ich sage dir: Nimmermehr kommst du von dort heraus, bis du den letzten Pfennig bezahlt hast.

Ihr habt gehört, dass gesagt ward: Brich nicht die Ehe! Ich aber sage euch: Wer eine Frau lustbegehrend anblickt, hat in seinem Herzen mit ihr die Ehe gebrochen.

Wenn dein rechtes Auge dir zum Ärgernis wird: Reiß es aus und wirf es von dir! Denn zum Guten gereicht es dir, dass eines deiner Glieder zugrunde gehe und nicht dein ganzer Leib in die Hölle geworfen werde. Und wenn deine rechte Hand dir zum Ärgernis wird: Hau sie ab und wirf sie von dir! Denn zum Guten gereicht es dir, dass eines deiner Glieder zugrunde gehe und nicht dein ganzer Leib zur Hölle fahre.

Es ward gesagt: Wer seine Frau entlässt, gebe ihr einen Abstandsbrief! Ich aber sage euch: Wer seine Frau entlässt – außer dem Fall der Unzucht –, der macht, dass sie zum Ehebruch genommen wird. Und wer eine Entlassene heiratet: Der bricht die Ehe.

Abermals habt ihr gehört, dass gesagt ward den Alten: Schwör nicht falsch! Halte dem Herrn deine Eide! Ich aber sage euch: Überhaupt nicht schwören! Nicht beim Himmel, denn er ist Gottes Thron; nicht bei der Erde, denn sie ist der Schemel seiner Füße; nicht bei Jerusalem, denn sie ist die Stadt des gewaltigen Königs; noch bei deinem Kopf schwöre, denn nicht ein Härchen vermagst du weiß zu machen oder schwarz. Sondern so sei euer Wort: »Ja« – ein Ja; »Nein« – ein Nein. Was darüber hinaus – vom Bösen ists.

Ihr habt gehört, dass gesagt ward: Auge um Auge, Zahn um Zahn! Ich aber sage euch: Dem Bösen nicht widerstehen! Sondern: Wer dich auf die rechte Backe schlägt – wende ihm auch die andere zu. Und wer dich gerichtlich belangen und dir den Leibrock nehmen will – ihm lass auch das Obergewand. Und wer dich zu einer Meile zwingt – mit dem gehe zwei. Wer dich bittet – dem gib. Wer von dir borgen will – den weise nicht ab.

Ihr habt gehört, dass gesagt ward: Liebe deinen Nächsten! Und: Hasse deinen Feind! Ich aber sage euch: Liebt eure Feinde und betet für die, die hinter euch her sind. So werdet ihr Söhne eures Vaters – dem in den Himmeln. Er lässt ja seine Sonne aufgehen über Bösen und Guten und regnen auf Gerechte und Ungerechte. Denn: Liebt ihr die euch Liebenden – welchen Lohn habt ihr? Tun nicht auch die Zöllner dasselbe? Und bietet ihr den Friedensgruß euren Brüdern nur – was tut ihr über Maß? Tun nicht auch die aus den Völkern dasselbe? Seid ihr also vollkommen, wie euer himmlischer Vater vollkommen ist.

Die Tempelreinigung
(Markus 11,15–18)

Jesus und seine Jünger kommen nach Jerusalem. Als er in das Heiligtum einzog, begann er die Händler und die Käufer im Heiligtum hinauszutreiben. Die Tische der Wechsler und die Stühle der Taubenhändler stieß er um. Und er ließ nicht zu, dass jemand auch nur ein Gefäß durch das Heiligtum trug. Dann lehrte er und sagte zu ihnen: Ist nicht geschrieben: *Mein Haus soll ein Bethaus für alle Völker gerufen werden. Ihr aber habt es zu einer Räuberhöhle gemacht.* Die Hohenpriester und die Schriftgelehrten hörten davon und suchten, wie sie ihn zugrunde richten könnten. Denn sie fürchteten ihn, waren doch alle Leute bestürzt ob seiner Lehre.

Die Todesangst Jesu und der Judaskuss

(Markus 14,32–50)

So kommen Jesus und seine Jünger zu einem Landgut, Getsemani mit Namen. Und er sagt zu seinen Jüngern: Setzt euch hier, während ich bete. Petrus aber, Jakobus und Johannes nimmt er mit sich. Und er fing an, zu erschaudern und zu verzagen. Und er sagt zu ihnen: Betrübnis ist mein Leben bis zum Tod. Bleibt hier und wacht! Und ein kleines Stück weitergegangen, fiel er zur Erde und betete: es möchte, wenn es möglich wäre, die Stunde an ihm vorübergehen. Und er sagte: Abba, Vater du! Alles ist dir möglich, führ diesen Becher an mir vorüber. Aber nicht, was ich, sondern was du willst. Dann kommt er und findet sie schlafend. Und er sagt zu Petrus: Simon, du schläfst? Warst du nicht stark genug, eine Stunde zu wachen? Wacht und betet, dass ihr nicht in Versuchung kommt. Der Geist ist willig, das Fleisch aber schwach. Abermals ging er weg und betete, indem er dasselbe Wort sprach. Und abermals kam er und fand sie schlafend; denn die Augen waren ihnen schwer geworden, und sie wussten nicht, was sie ihm antworten sollten. Dann kommt er zum dritten Mal und sagt zu ihnen:

Schlaft ihr weiter und rastet? Genug. Die Stunde ist gekommen – da! Der Menschensohn wird in die Hände der Sünder ausgeliefert.

Auf, gehen wir! Da! Der mich ausliefert: Er ist nah. Und sogleich, noch während er redete, stellt Judas sich ein – einer der Zwölf – und mit ihm Leute mit Schwertern und Knüppeln von den Hohenpriestern, den Schriftgelehrten und Ältesten aus. Der ihn auslieferte aber hatte ihnen ein Zeichen gegeben. Er hatte gesagt: Dem ich als Freund mich zeige, der ists! Den greift und führt ihn sicher ab! Und er kam, kam gleich auf ihn zu und sagt: Rabbi! Und er küsste ihn. Sie aber legten Hand an ihn und griffen ihn. Einer der Umstehenden aber zückte das Schwert, schlug auf den Knecht des Hohenpriesters ein und hieb ihm das Ohr ab. Da hob Jesus an und sprach zu ihnen: Wie gegen einen Bandenkrieger seid ihr mit Schwertern und Knüppeln ausgezogen, um mich zu ergreifen. Tag um Tag war ich bei euch im Heiligtum und lehrte, und ihr habt mich nicht ergriffen. Aber – die Schriften sollen erfüllt werden. Und sie verließen ihn und flüchteten alle.

Jesus stirbt am Kreuz

(Markus 15,33–37)

Als die sechste Stunde gekommen, ward Finsternis über das ganze Land hin – bis zur neunten Stunde. Und in der neunten Stunde schrie Jesus mit gewaltiger Stimme. *Eloi, Eloi, lema sabachtani.* Das heißt übersetzt: Mein Gott, mein Gott, warum hast du mich im Stich gelassen! Einige der Dabeistehenden hörten es und sagten: Sieh her, er ruft den Elija. Da lief einer, füllte einen Schwamm mit Essigwein, steckte ihn auf einen Rohrstock und wollte ihn tränken und sagte: Lasst, wir wollen doch sehen, ob Elija kommt, ihn herunterzuholen! Jesus aber ließ einen gewaltigen Schrei und hauchte den Geist aus.

Wessen Jesus? Zwischen Geschichte und Wirkungsgeschichte

Nachwort von Rabbiner Walter Homolka

Jesus war Jude. Es hat fast eintausendachthundert Jahre gedauert, bis man erkannte, dass diese Feststellung so etwas wie eine Tautologie darstellt. Tatsächlich ist es erst wenige Generationen her, dass viele christliche Theologen alles daransetzten, das einzige unstrittige Faktum, das die gesamte historisch-kritische Jesus-Forschung wieder ins Bewusstsein gerufen hat, zu verschleiern, zu leugnen oder einfach zu übersehen: dass Jesus Jude war.[1]

Zu den eindrucksvollsten Beispielen jüdischer Jesus-Rezeption in neuerer Zeit gehört der Roman *Judas*[2] von Amos Oz. Der bekannte israelische Schriftsteller, Journalist und Intellektuelle ist der Großneffe von Joseph Klausner (1874–1958), einem der Pioniere der modernen jüdischen Jesus-Forschung.[3]

Die Hauptfigur in Oz' Roman *Judas*, Schmuel Asch, kann im Jerusalem des Jahres 1959 seine Magisterarbeit über das Thema *Jesus in den Augen der Juden* nicht zum Abschluss bringen. Oz arbeitet in seinem Roman die jüdischen Fragen nach dem historischen Jesus heraus.

Die historische Jesusforschung jüdischer wie christlicher Provenienz ist bestimmt von der Suche nach den Ursprüngen Jesu, was authentisch über ihn gesagt werden kann. Die unterschiedlichen Auffassungen in der Leben-Jesu-Forschung führten zu neuen Fragen nach der eigenen Identität, ja einer Identitätskrise der westlichen Christenheit. Folge war eine Rückwendung »zu den jüdischen Wurzeln«. Für jüdische Wissenschaftler eröffnete diese Rückwendung einen Weg, die Stellung des Judentums in der Kultur des »christlichen Abendlands« neu zu bestimmen. Seither fällt es Juden leichter, sich mit dem Juden Jesus auseinanderzusetzen. Amos Oz ist das beste Beispiel dafür.

In früheren Zeiten

Im Gegensatz zu Oz' Ansatz präsentiert sich die Beschäftigung des Judentums mit Jesus vor dem 18. und 19. Jahrhundert als eine Mischung aus scharfer Polemik, bewusst distanzierter Debatte und völligem Schweigen. Um das ganze Ausmaß der Kehrtwendung im Verhältnis des Judentums zu Jesus zu begreifen, muss man auf das Verhältnis zwischen Judentum und Christentum vor der Aufklärung eingehen. Im Unterschied zum Christentum, für das Jesus natürlich von zentraler theologischer Bedeutung ist, spielte er im jüdischen Denken eigentlich nur dann eine Rolle, wenn es darum ging, den politischen oder gesellschaftlichen Status der Juden im christlichen Kontext der jeweiligen Zeit zu reflektieren. Nimmt man zum Beispiel das positive Jesusbild jüdischer Gelehrter im 19. Jahrhundert, so führt deren Jesus-Rezeption vor Augen, wie sehr ihre Debatte um Jesus die Dynamik der politischen Situation widerspiegelt, in der sich Juden als Wissenschaftler oder religiöse Autoritäten in christlicher Umgebung vorfanden.

Das Judentum der ersten Jahrhunderte u. Z. im Mittelmeerraum ignorierte Jesus und unterstrich damit die Vormachtstellung der rabbinischen Autoritäten im Judentum. Die negative jüdische Darstellung Jesu und des Christentums im mittelalterlichen Europa war ein Spiegel der unterdrückten Stellung der Juden in einer mehrheitlich christlichen Umwelt. Und ebenso kann die jüdische Leben-Jesu-Forschung im Deutschland des 19. Jahrhunderts als ein Versuch begriffen werden, Jahrhunderte christlicher Polemik zu überwinden, die jegliche sachliche und systematische Sichtung christlicher Traditionen aus jüdischer Perspektive im Keim erstickt hatte. Heute sind sich jüdische Historiker zunehmend bewusst, dass die Rezeption des historischen Jesus im Neuen Testament und im Christentum ihnen wichtige Informationen über das Judentum zur Zeit vor und unmittelbar nach der Zerstörung des Zweiten Tempels liefert.

Im Jahr 70 n. u. Z. wurde ein jüdischer Aufstand durch die Römer niedergeschlagen und der Zweite Tempel zerstört; in der Folge bildete sich ein normatives Judentum unter der Führung verschiedener pharisäischer Schulen heraus. Im Laufe der folgenden Jahrhunderte zeichnete sich immer stärker ab, dass Juden, deren Auslegung der *Halacha* von der Auffassung der Autoritäten abwich, zu Häretikern erklärt wurden. Frühe jüdisch-christliche Sekten, Gruppierungen, die allmählich immer mehr christologische Elemente in ihr Glaubensspektrum aufnahmen, gerieten zunehmend ins Visier dieser normativen Reaktion.

Als das Christentum im Jahr 380 Staats-
religion wurde und sich daraufhin über ganz
Europa ausbreitete, verstummte jede jüdische Jesusrezeption. Im Zusammenhang mit
immer schärfer werdenden antijüdischen
Gesetzen des jetzt christlichen Reiches
tauchten in den rabbinischen Äußerungen
die negativ besetzten Bilder von Esau und
Edom für das Christentum auf. Trotz der Au-
torität des Christentums im Staat gingen die
Rabbiner weiter davon aus, dass sich Gottes
Prophezeiung an Rebekka, »Stamm mäch-
tiger als Stamm« (Gen 25,23), oder sogar die
Vision Obadjas, »Und es ziehen Retter hinauf
auf den Berg Zijon, zu richten den Berg Esau,
und des Ewigen wird die Herrschaft sein«
(1,21), erfüllen würden. Diese Typologie von
›Edom‹ und ›Esau‹ für ›Rom‹ und ›Kirche‹ war
noch im Mittelalter weit verbreitet.

Einige kurze rabbinische Texte beziehen
sich mehr oder weniger direkt auf Herkunft,

Lehre und Wirkung der Person Jesu, doch sie sind im gesamten Talmud verstreut und bilden keine zusammenhängende Erzählung. So wird Jesus unter anderem als »Sohn des Pantera« bezeichnet (MChul 2,22; 2,24); am Abend des Pessachfestes als Zauberer und Betrüger erhängt (bSan 43a) und von seinen Anhängern, die in seinem Namen Kranke heilen (MChul 2,22f), zitiert (bShab 116a–b). Jesus von Nazareth wurde aber auch mit anderen Gestalten identifiziert, so zum Beispiel mit einem ägyptischen Zauberer namens Ben Stada, der vermeintlich Anfang des zweiten Jahrhunderts u. Z. hingerichtet wurde. Im Talmud findet sich eine abwertende Schilderung der Leidensgeschichte Jesu. Der Babylonische Talmud (bSan 43a) beschreibt die Hinrichtung folgendermaßen: »(Am Vorabend des Sabbats und) am Vorabend des Pessachfestes wurde Jesus von Nazareth gehängt. Und ein Herold ging vierzig Tage vor ihm aus und verkündete: Jesus von Nazareth wird hinausgeführt, um gesteinigt zu werden, weil er Zauberei praktiziert und Israel aufgewiegelt und (zum Götzendienst) verführt hat.« Dieser Bericht, sein Alter und seine Echtheit werden allerdings kontrovers diskutiert.

Für die Juden in Europa war Jesus also nichts weiter als ein Symbol der christlichen Unterdrückung, zum Teil sogar eine lächerliche Gestalt (wie die Satire *Toledot Jeschu* drastisch verdeutlicht).[4] Im Mittelalter wurde der wissenschaftliche Diskurs zwar fortgesetzt, doch die drei ›Disputationen‹ über Jesus zwischen Juden und Christen (Paris 1240; Barcelona 1263; Tortosa 1413/14) waren keineswegs akademische Diskussionen zwischen interessierten Gesprächspartnern, sondern erwiesen sich als ein unverblümter Angriff auf das Judentum, mit einschüchterndem, ja drohendem Unterton.

Das Zeitalter der Aufklärung

Das Jesusbild des Judentums in den Jahrhunderten vor der Aufklärung war also – was kaum verwunderlich ist – ausschließlich negativ; ein jüdisches Desinteresse an Jesus spiegelte die Aversion, ja die Furcht der Juden gegenüber dem Christentum wider. Die Denkweise und Methodik (oder vielmehr deren Fehlen), die diesem Jesusbild zugrunde liegen, unterschieden sich wenig von der Methodik christlicher Theologie über Jesus.

Eine neue Wissenschaftssprache und neue methodologische Werkzeuge brachte erst die europäische Aufklärung hervor, sowohl für christliche als auch für jüdische Forschung. Gegen Ende des 18. Jahrhunderts kämpften Juden in Europa um gleiche Rechte und gesellschaftliche Anerkennung. Die allmähliche, schwer erstrittene Ausweitung der bürgerlichen Rechte zwang viele, ihre jüdische Identität im Licht der neuen Bedingungen neu zu bewerten. Die Jüdische Aufklärung oder *Haskala* führte zu einer ersten Generation von Juden, die die Freiräume zu nutzen verstanden, die Napoleon und sein Code Civil ihnen gaben. Juden wollten nicht nur nach dem Gesetz, sondern auch *de facto* gleichberechtigte Bürger sein, ihr Kampf mündete im 19. Jahrhundert in die bürgerliche Emanzipation und eine innerjüdische kulturelle und religiöse Modernisierung.

Zu dieser Gleichberechtigung gehörte es, am akademischen Diskurs teilzuhaben, insbesondere, wo es um das Judentum und die hebräische Sprache ging. Einer der prominentesten jüdischen Denker seiner Zeit, Moses Mendelssohn (1729–1786), äußerte sich in seiner einflussreichen Abhandlung über die philosophischen Gründe für eine Trennung von Kirche und Staat im Jahr 1783[5] zu Jesus: Jesus habe nie gesagt, er sei gekommen, um die Tora aufzuheben, sondern er habe im Gegenteil nicht nur die schriftliche Tora, sondern auch die Verordnungen der Rabbiner befolgt.

Die Debatte im 19. Jahrhundert

Im 19. Jahrhundert entdeckten jüdische Wissenschaftler die neue historisch-kritische Methode und begannen, intensiver zu jener Gestalt zu forschen, die kontrovers zwischen Judentum und Christentum steht und zugleich das Bindeglied zwischen beiden ist: Jesus von Nazareth. Drei grundlegende Aussagen über Jesus aus jüdischer Sicht hielten sich durchweg im 19. Jahrhundert – von Joseph Salvador (1779–1873) bis hin zu Abraham Geiger (1810–1874) und Samuel Hirsch (1815–1889), obwohl sich die Ansichten dieser drei Denker über den historischen Jesus im Einzelnen untereinander stark unterscheiden:

1. Jesus war nicht nur von seiner Herkunft her Jude, er war auch fest in der jüdischen Umwelt seiner Zeit verwurzelt.

2. Das Christentum ist aus dem Judentum hervorgegangen; es hat sich in einem pluralistischen kulturellen Milieu herausgebildet und allmählich zu einer eigenen Religion entwickelt, dabei jedoch einen jüdischen Charakter bewahrt.

3. Jesus von Nazareth ist nicht der Messias, der in der hebräischen heiligen Schrift verheißen ist.

Samuel Hirsch vertrat ein positives Jesusbild, kritisierte jedoch das Christentum. Hirschs Jesus ist ein jüdischer messianischer Prophet, der fest auf dem Boden des modernen Judentums zu stehen scheint. Für Hirsch hat Gott Israel zum Werkzeug »für die Rettung der ganzen Menschheit« erwählt. Deshalb ist Jesus nur insofern der Sohn Gottes, als alle Israeliten

Söhne Gottes sind, weil Israel »von Gott erhoben« wurde.

Die jüdische Reklamation der Person Jesu setzte im 19. Jahrhundert in Preußen ein. Dort begannen jüdische Forscher, methodologische Ansätze zur Bibelwissenschaft zu etablieren, und waren bereit, die intellektuellen und theologischen Konsequenzen dieser Forschungen zu akzeptieren. Die Gründung von Rabbinerseminaren in Preußen in den Jahren 1854 und 1872 sorgte dafür, dass ein ständiger Strom dort ausgebildeter Rabbiner die wissenschaftliche Debatte in andere Länder Europas trug. Dass der Schwerpunkt der jüdischen Beschäftigung mit Jesus in dieser Zeit auf den deutsch-jüdischen Beiträgen lag, steht im Einklang mit der Tatsache, dass auch christlicherseits die Leben-Jesu-Forschung im Allgemeinen Gegenstand der deutsch-sprachigen Forschung war, die sie auch bis in die achtziger Jahre des 20. Jahrhunderts dominierte.

Dabei ging die jüdische Beschäftigung mit Jesus nicht auf eigentlich theologische Fragestellungen zurück, da kein Zweifel daran bestand, dass Jesus für das Judentum als Religion niemals von Bedeutung sein konnte. Erkenntnisleitend war für die jüdische Forschung vielmehr, der Dominanz des Christentums und seinem triumphalistischen Anspruch auf den Besitz der universalen Wahrheit ein selbstbewusstes Judentum entgegenzustellen. Die jüdische Leben-Jesu-Forschung diente vielen Vertretern der *Wissenschaft des Judentums* in Deutschland als Mittel der jüdischen Selbstbehauptung. Für Joseph Klausner und andere europäische Zionisten Anfang des 20. Jahrhunderts wurde Jesus dagegen zu einem zionistischen Propheten.

Nach der Schoa

Erst in der Folge der Schoa kam es in der westlichen Welt zu einer Anerkennung des Judentums als gleichwertiger Religion, die den Weg für einen konstruktiven theologischen Dialog zwischen Juden und Christen frei machte. Von besonderer Bedeutung war dabei die Anerkennung der Religionsfreiheit durch die katholische Kirche im Zweiten Vatikanischen Konzil und mit ihr das Eingeständnis, dass auch andere Religionen im Besitz gültiger Wahrheiten sein können.

Was lässt sich in diesem Dialog aus jüdischer Sicht über Jesus sagen? Die historische Jesusforschung ist geprägt von der Fragestellung, die »ursprüngliche«, die »authentische« Geschichte Jesu zu erzählen. Hierin unterschieden sich christliche Wissenschaftler nicht von jüdischen. In einer Reihe christlicher Kirchen wurde durch den Blick auf den »Juden Jesus« überdies das bis dahin allgemein akzeptierte Jesusbild der christlichen Wirkungsgeschichte fragwürdig. Oft wurde dabei zwischen hellenistischen und jüdischen Einflüssen der Ursprungsphase des Christentums unterschieden und der hellenistische Einfluss als zweitrangig und weniger authentisch eingestuft. Wer so vorgeht, ignoriert allerdings die Tatsache, dass es nach zweihundert Jahren christlicher und jüdischer Forschung noch immer nicht gelungen ist, befriedigende Kriterien zu finden, um Zeugnisse als »ursprünglich« oder »authentisch« auszuweisen. Der »historische Jesus« bleibt ein Konstrukt von Historikern, das auf einer Reihe von Texten aus der Antike beruht.

Ist es sinnvoll oder auch nur möglich, den »historischen« Jesus von seiner *Wirkungsgeschichte* zu lösen? Immerhin steht mittlerweile die Bedeutung der Wirkungsgeschichte außer Zweifel, wenn es um die Erforschung religiöser, gesellschaftlicher und politischer Phänomene geht. Die Verstehenden stehen immer schon in der Wirkungsgeschichte dessen, was sie verstehen wollen (Hans-Georg Gadamer). Daher ist die Wirkungsgeschichte Jesu durchaus eine gültige und wichtige Perspektive. Ein früher jüdischer Vertreter dieser Sicht war Schalom Ben-Chorin (1913–1999), der die christliche Wirkungsgeschichte des Einflusses Jesu auf die Welt aus jüdischer Sicht positiv würdigte und überhaupt erst richtig in den Blick rückte.

Die heutige Herausforderung

Die Rede christlicher Theologie über Jesus, gemeinhin »Christologie« genannt, steht heute vor der Herausforderung, so über Jesus zu sprechen, dass seine Verankerung im Judentum nicht verdeckt wird durch den universalen Heilsanspruch des Christus der Kirchen. Inzwischen gibt es mehrere spannende Ansätze dazu.[6] Was bedeutet das für ein Gespräch zwischen Juden und Christen? Der deutsche evangelische Theologe Christoph Schwöbel erinnert an die Würde, die einer Beziehung dann zukommt, wenn sie auf gegenseitiger Achtung beruht: »Die erste Voraussetzung eines christlich-jüdischen Dialogs ist die Anerkennung der Eigenständigkeit der Gesprächspartner. Diese Eigenständigkeit schließt ein, dass die Dialogpartner ihre Positionen jeweils selbst bestimmen müssen und die so selbst bestimmten Positionen von dem anderen Partner anerkannt werden. Was für den Dialog erforderlich ist, ist die Bestimmung des je Eigenen und die Anerkennung des Anderen als eines für sich Eigenen.«[7]

Es gibt gute Gründe dafür, dass Juden und Christen ihre je eigene Geschichte genau betrachten und zugleich lernen, die Überlieferungen des jeweils anderen zu achten und anzuerkennen, einschließlich ihrer Fehler und Mängel. Der »historische« Jesus und der Christus des Glaubens, wie ihn die Kirchen verkünden, tragen sowohl die Narben alter Auseinandersetzungen als auch die Saat eines Neubeginns in sich.

Für die christliche Seite verlangt eine echte Annäherung an den jüdischen Gesprächspartner, dass sie ihre Rede von Jesus zwischen zwei Polen bestimmt: Steht der Jesus der Christen für eine Verhältnisbestimmung, wonach der Bund Gottes mit Israel als ›Alter Bund‹ überholt und abgelöst wurde durch die Kirche und ihren ›Neuen Bund‹? Oder steht Jesus dafür, dass nach christlichem Verständnis durch ihn Christen Zugang zur Gottesverheißung des jüdischen Volkes erlangen?

Für die jüdische Seite ist zum ersten Mal eine Situation entstanden, sich als eigenständige Stimme Gehör zu verschaffen und aus einer untergeordneten Position in die Rolle eines gleichwertigen Gesprächspartners hineinzuwachsen.

Es gibt eine ganze Reihe israelischer Schriftsteller, deren Werk die Person Jesu reflektiert. Man denke an Samuel Yosef Agnon (1888–1970), Yona Wallach (1944–1985) oder Haim Be'er (* 1945). Amos Oz hat dies 2014 in seinem Roman *Judas* für ein internationales Publikum zum Greifen nahe gebracht. Sein Berliner Zwischenruf *Jesus und Judas* macht deutlich, wie emotional die Entdeckung eines lang verloren geglaubten Familienmitglieds sein kann und welche Fragen dies für die christliche Gefolgschaft Jesu aufwirft. Was Amos Oz literarisch leistet, haben verschiedene darstellende Künstler in Israel und anderswo auf ihre Weise vermocht. Maler und Bildhauer seit dem 19. Jahrhundert wie Max Liebermann (1847–1935), Maurycy Gottlieb (1856–1879), Mark Antokolsky

(1840–1902), Samuel Hirszenberg (1865–1908) und Marc Chagall (1887–1985), aber auch zeitgenössische israelische Künstler wie Igael Tumarkin (* 1933) und der Fotograf Adi Nes (*1966) mit seinem *Last Supper* haben sich an das Tabu gewagt und Jesus heimgeholt in ein jüdisches, ja ein israelisches Umfeld.[8]

Wie wir in seinem Zwischenruf über *Jesus und Judas* erkennen, sieht Amos Oz keine Schwierigkeiten darin, sich positiv auf Jesus zu beziehen und sich kritisch mit seiner neutestamentlichen Wirkungsgeschichte auseinanderzusetzen: »Ich verliebte mich in Jesus, in seine Vision, seine Zärtlichkeit, seinen herrlichen Sinn für Humor, seine Direktheit, in die Tatsache, dass seine Lehren so voller Überraschungen stecken und so voller Poesie sind.«[9] Bei seiner Beschäftigung mit dem Jesus des Neuen Testaments gerät Oz allerdings durch die Geschichte vom Verrat des Judas ins Stocken: »Nach den

christlichen Quellen war Judas nicht etwa
ein armer Fischer vom See Genesareth wie
die anderen Apostel, sondern ein reicher
Großgrundbesitzer aus Judäa, ein Mann,
der Sklaven und Sklavinnen besaß. Warum
um alles in der Welt sollte er seinen Lehrer,
seinen Rabbi, seinen Gott verkaufen? Für
sechshundert Euro? Und wenn er tatsächlich
dermaßen gemein und habgierig war, dass
er seinen Herrn und Gott für sechshundert
Euro verkaufte – warum ging er unmittelbar
danach hin und erhängte sich? Das ergab
einfach keinen Sinn. Vor allem aber verstand
ich nicht, warum irgendjemand, irgendein
Mensch auf Erden, Judas auch nur fünfzig
Cent oder einen Euro dafür geben sollte, dass
er Jesus nach dem Letzten Abendmahl küsste und ihn damit an die Schergen verriet, die
die Priester ausgeschickt hatten, um ihn zu
verhaften. Schließlich war Jesus in ganz Jerusalem wohlbekannt.«[10]

Oz resümiert: »In meinen Augen ist die Geschichte von Judas in den Evangelien gleichsam das Tschernobyl des christlichen Antisemitismus der vergangenen zweitausend Jahre. Diese Geschichte verseucht das Verhältnis zwischen Juden und Christen seit Jahrtausenden, indem sie die Juden zu Opfern und die Christen zu Tätern macht.«[11]

Mal theologisch, mal literarisch: Oz baut eine Brücke zwischen der jüdischen Jesus-Rezeption des 19. und des 21. Jahrhunderts. Sein Eingehen auf Jesus und Judas macht deutlich: Für die jüdische Seite ist die Beschäftigung mit dem Juden Jesus Ausdruck einer neuen Freiheit und eines neuen Selbstbewusstseins.

Werden Christen und ihre Kirchen in der Lage sein, diese Verortung Jesu und seine Heimholung in die jüdische Schicksalsgemeinschaft zu respektieren und in ihre Rede von Jesus, in ihre Christologien einzubeziehen?

Anmerkungen

[1] Zum Folgenden vgl. Walter Homolka: Jesus reclaimed – Jewish Perspectives on the Nazarene. Berghahn Books New York/Oxford 2015. Walter Homolka: Jewish Jesus Research and its Challenge to Christology Today. Jewish and Christian Perspectives Series 30. Koninklijke Brill NV, Leiden 2017.

[2] Amos Oz: Judas. Roman. Suhrkamp Verlag, Frankfurt am Main 2015.

[3] Joseph Klausner: Jesus von Nazareth. Seine Zeit, sein Leben und seine Lehre. Übersetzt aus dem Hebräischen von Walter Fischel. Jüdischer Verlag, Berlin 1930.

[4] Vgl. dazu Johann Maier: Jesus von Nazareth in der talmudischen Überlieferung. WBG, Darmstadt 1992. Peter Schäfer: Jesus im Talmud. Mohr Siebeck, Tübingen 2007. Peter Schäfer, Michael Meerson, Yaacov Deutsch: Toledot Yeshu (»The Life Story of Jesus«) Revisited: A Princeton Conference. Mohr Siebeck, Tübingen 2011. Michael Meerson und Peter Schäfer: Toledot Yeshu: The Life Story of Jesus: Two Volumes and Database. Vol. I: Introduction and Translation. Vol. II: Critical Edition. Mohr Siebeck, Tübingen 2014.

[5] Moses Mendelssohn: Jerusalem oder über religiöse Macht im Judentum. Maurer, Berlin 1783.

[6] Vgl. Christoph Markschies: Reformationsjubiläum 2017 und der jüdisch-christliche Dialog. Evangelische Verlagsanstalt, Leipzig 2017.

[7] Christoph Schwöbel: »Gemeinsamkeiten entdecken – Spannungen aushalten. Bemerkungen zu einer theologischen Hermeneutik des christlich-jüdischen Dialogs«; in: Kirche und Israel: Neukirchener Theologische Zeitschrift 12,1 (1997), 174.

[8] Amitai Mendelsohn: Behold the Man – Jesus in Israeli Art. Magnes Press, Jerusalem 2017.

[9] Vgl. oben Seite 16.

[10] Vgl. oben Seite 18f.

[11] Vgl. oben Seite 25f.

© PRIVAT

AMOS OZ, geb. 1939 in Jerusalem, ist der international bekannteste Schriftsteller Israels. Er ist Mitbegründer und herausragender Vertreter der seit 1977 bestehenden Friedensbewegung *Schalom achschaw* (»Frieden jetzt«), die sich für ein gewaltfreies Zusammenleben von Israelis und Palästinensern einsetzt. Sein Werk wurde vielfach ausgezeichnet und findet in Deutschland weite Verbreitung. 2015 erschien auf Deutsch sein Bestseller *Judas*.

© ABRAHAM GEIGER KOLLEG

DR. WALTER HOMOLKA, Rabbiner, Rektor des Abraham Geiger Kollegs und Geschäftsführer des Zacharias Frankel College, ist Professor für Jüdische Religionsphilosophie der Neuzeit und Geschäftsführender Direktor der School of Jewish Theology der Universität Potsdam. Er ist Vizepräsident der European Union for Progressive Judaism und seit 2017 Präsident der Union progressiver Juden in Deutschland. Zuletzt erschien bei Patmos sein Buch *Übergänge*.

VERLAGSGRUPPE PATMOS

PATMOS
ESCHBACH
GRÜNEWALD
THORBECKE
SCHWABEN
VER SACRUM

Die Verlagsgruppe
mit Sinn für das Leben

Für die Verlagsgruppe Patmos ist Nachhaltigkeit ein wichtiger
Maßstab ihres Handelns. Wir achten daher auf den Einsatz
umweltschonender Ressourcen und Materialien.

Amos Oz, Lecture on Jesus,
Berlin 25. Mai 2017
© 2017, Amos Oz

Alle Rechte der deutschsprachigen Ausgabe vorbehalten
6. Auflage 2022
© 2018 Patmos Verlag
Verlagsgruppe Patmos in der Schwabenverlag AG, Ostfildern
www.patmos.de

Das Neue Testament ist zitiert nach der Übersetzung von Fridolin
Stier, hg. von Eleonore Beck, Gabriele Miller und Eugen Sitarz
© 1989 by Kösel Verlag und Patmos Verlag

Gesamtgestaltung: Finken & Bumiller, Stuttgart
Druck: GGP Media GmbH, Pößneck
Hergestellt in Deutschland
ISBN 978-3-8436-1051-3